D1924615

ALLERBESTE FREUNDINNEN

Do-It-Yourself-Ideen zum Selbermachen und Verschenken

COPPENRATH

BESTE FREUNDINNEN FÜR IMMER!

Mit deiner besten Freundin kannst du kichern, lachen und Geheimnisse teilen. Ihr macht alles zusammen, geht durch dick und dünn, und wenn es darauf ankommt, dann kannst du dich immer auf sie verlassen. Wenn du ihr zeigen magst, wie gern du sie hast, dann mach ihr ein kleines Geschenk. Wenn es was Besonderes sein soll, dann schenke ihr etwas Selbstgemachtes.

In diesem Buch findest du viele tolle Ideen: ob Freundschaftsarmreif, ein Foto-Medaillon oder ein Erinnerungsbuch mit viel Platz für Fotos, Briefe und Geheimnisse. Alle diese Sachen kommen von Herzen und sind ganz persönlich Geschenke.

Du hast Lust, mit deiner Freundin zusammen zu basteln? Nur zu – viele der Sachen könnt ihr gemeinsam machen oder gegenseitig tauschen. Los geht's: Garn, Pinsel und Schere in die Hand genommen, damit eure Freundschaft ewig währt.

Viel Spaß wünschen dir

Lisa & Lars

INHALT

ERINNERUNGSBUCH

TRAUMFÄNGER

TIERISCHE BROSCHEN

SEIFENBLASEN-PAPIER

QUASTENTUTORIAL

POMPONTUTORIAL

EISSTIEL-ARMREIF

Variationen

Beklebe einen Holzstiel-Armreif mit Papier oder Washi-Tape oder male ihn einfach knallbunt in angesagten Farben an!

Material

* Eisstiel
* Handbohrer
* Schale mit Wasser
* Trinkglas
* Bänder (z. B. Stickgarn)
* 2–5 Perlen

Gehe mit deiner Freundin Eis essen und mache aus dem Holz-Eisstiel einen Freunschaftsarmreif! Los geht´s!

Bohre mithilfe des Handbohrers ❶ und unter Aufsicht eines Erwachsenen zwei Löcher, jeweils am Ende des Eisstiels.

Lege den Eisstiel danach für mindestens drei Stunden in eine Schale mit Wasser ❷. Biege den nassen Eisstiel nun vorsichtig zu einem Bogen, klemme ihn in ein Glas und lass ihn darin über Nacht trocknen ❸. Der Stiel behält nun diese Form.

Knote ein Band an den Eisstiel und wickele es gleichmäßig darum ❹. Um die Farbe zu wechseln, knote den Faden erst wieder am Stiel fest und wickle dann mit einer anderen Farbe weiter. Am Schluss knotest du das offene Ende an den Stiel und fädelst Perlen auf den Faden ❺, die du festknotest.

Nun kommen die Quasten: Wie du sie machst, findest du im Tutorial auf Seite 26. Fädele noch ein oder zwei Perlen auf die obere Quastenschnur und knote sie an den Reif.

Zum Schluss ziehst du ein Band durch die beiden Löcher und knotest zwei Perlen ans jeweilige Ende ❻. Mit dem Band kannst du nun den Armreif so fest zuziehen, dass er dir oder deiner Freundin passt.

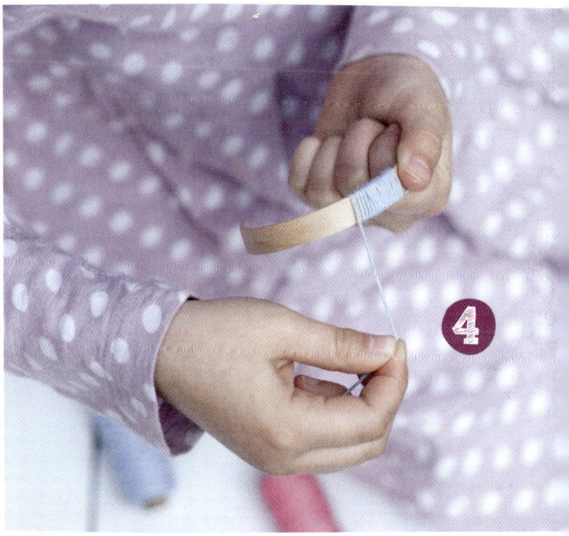

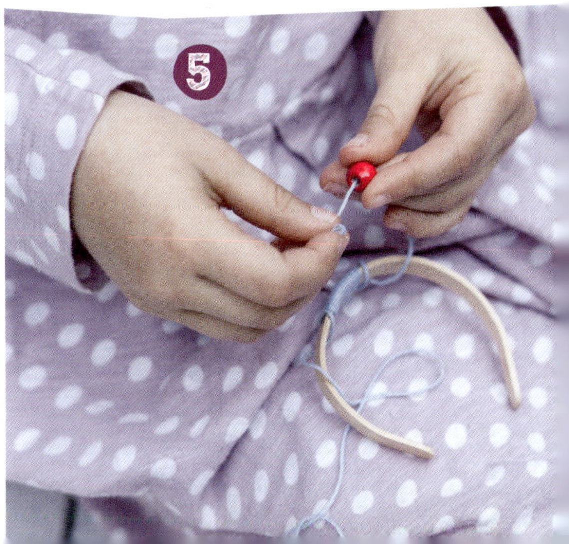

Material

* Vorlage (Seite 31)
* Schere
* Bastel-Filz in verschiedenen Farben
* Bleistift
* Flüssigkleber
* Nadel und Faden
* bunte Knöpfe
* Haarspange oder -reif
* Heißkleber

Als Erstes kopierst du die Vorlagen für die Blüten und Blätter von Seite 31. Schneide die Formen aus und lege sie auf den Filz. Zeichne die Formen mit einem Bleistift nach ❶ und schneide sie aus. Kleine Blütenkreise ❷ kannst du auch ohne Vorlage mit einer Zackenschere ausschneiden.

Verbinde zunächst mit dem Flüssigkleber zwei große Blüten versetzt übereinander. Klebe dann die kleinste Blütenform (Kreis oder Stern) oben auf ❸. Nähe nun mit Nadel und Faden einen Knopf durch alle drei Filzschichten an ❹. Zum Schluss noch ein oder mehrere Blätter hinter die fertige Blüte kleben. Nun lässt du alles gut trocknen.

Beim Befestigen der Blüten auf der Haarspange oder dem Haarreif ❺ lässt du dir besser von einem Erwachsenen helfen: einen kleinen Klecks Heißkleber auf die Unterseite der Blüte geben und sie fest auf die Haarspange oder den Haarreif drücken.

BLUMEN-HAARSCHMUCK

Diese Filzblüten verbreiten gute Laune!
Ob Haarreifen oder Haarklammern, mit den bunten Blumen
kannst du mit deiner Freundin im Partnerlook gehen.

Variationen

Du kannst natürlich auch andere Formen ausprobieren, zum Beispiel Schleifen oder Herzen.

SCHLÜSSELANHÄNGER

Immer dabei! Dieser ganz persönliche Schlüsselanhänger ist ein treuer Begleiter und erinnert deine Freundin stets an dich.

Material

* dicke Wolle
* Schlüsselring
* Handbohrer
* Gummi-Tierfiguren
* Ringschraube
* Zwischenring
* bunte Holzperlen
* Zange

1

Zuerst machst du das Schlüsselband: Flicht aus drei Fäden Wolle (etwa 70 cm lang) ein langes Band. Die beiden offenen Enden verknotest du. Nimm das Band doppelt und ziehe es durch den Schlüsselring. Dann führst du die verknoteten Enden durch die Schlaufe 1 und ziehst sie fest.

Variationen

Bei manchen Gummitieren gefallen dir die Farben vielleicht nicht so gut. Warum malst du sie nicht einfach mit etwas Acrylfarbe an?

2

3

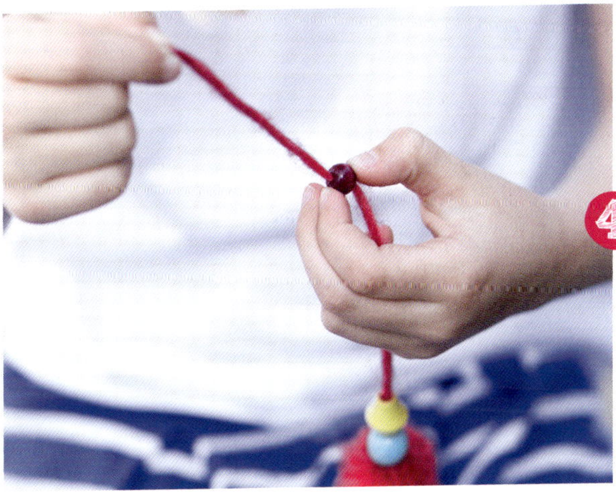

4

Bohre mit dem Handbohrer ein kleines Loch in das Gummitier 2. Drehe die Ringschraube in das Loch hinein und befestige den kleinen Zwischenring und den großen Schlüsselring daran, indem du ihn mit der Zange zusammendrückst 3. Lass dir gegebenenfalls von einem Erwachsenen helfen.

Auf den Seiten 28/29 findest du eine Anleitung für den Woll-Pompon. Wenn du ihn fertig hast, fädelst du an der langen Schnur drei Holzperlen auf und knotest die Schnur an der Schraube fest 4.

ERINNERUNGSBUCH

Material

- 20 gleich große Briefumschläge
- Klebestift
- Graupappe
- Geschenkpapier
- Washi-Tape
- breites Gummiband
- Schere

Variationen

Du kannst die äußere Pappe auch mit deinem selbst gemachten Seifenblasenpapier (siehe Anleitung Seite 24) bekleben.

Fotos, Briefchen, getrocknete Blumen – das Erinnerungsbuch bewahrt zuverlässig kleine Schätze, die du mit deiner Freundin teilst.

Klebe die Umschläge zu einem Block zusammen: Dazu bestreichst du an der unteren langen, geschlossenen Seite einen etwa halben Zentimeter breiten Streifen mit Klebstoff 1 und legst einen weiteren Umschlag darauf. Das machst du mit allen Umschlägen so – den letzten Umschlag klebst du jedoch andersherum 2, also mit der Öffnung nach innen, da dieser später mit der Rückseite auf der Graupappe befestigt wird.

Nun wird der Briefumschlagblock für einige Stunden unter einem schweren Buch gepresst, bis der Kleber trocken ist.

Lege den Umschlagblock auf die Graupappe, zeichne den Umriss ab und schneide zwei Pappdeckel aus. Beklebe sie jeweils auf einer Seite mit Geschenkpapier 3. Lege den Umschlagblock nun zwischen die Deckel und klebe den ersten und den letzten Umschlag jeweils auf der Graupappe fest 4. Drücke alles gut zusammen und lass den Kleber trocknen.

Der Buchrücken wird mit Washi-Tape verziert 5. Knote noch ein Gummiband um das Buch, sodass nichts herausfällt.

TRAUMFÄNGER

Damit du von spannenden Abenteuern mit deiner besten Freundin träumst, bastelt gemeinsam diesen schönen Taumfänger.

Material

* Zweig
* farbige Wolle
* verschiedene Bänder
* Bleistift
* Vorlage (Seite 31)
* Dekopapier
* Schere
* Nadel

Suche dir einen möglichst jungen Zweig und biege ihn zu einem Kreis von ca. 18 cm Druchmesser, dabei sollten sich die Zweigenden etwas überlagern. Während du den Kreis festhältst, knotet deine Freundin mit Wolle die Zweige fest zuzsammen 1.

Wickele den Wollfaden mehrfach um den Knoten, damit dieser nicht mehr zu sehen ist. Führe den Wollfaden nun quer über den Kreis, bis ein Netz entsteht. Knote das Ende am Zweig fest und lass ein etwa 30 cm langes Stück Wolle hängen. Nimm eine andere Farbe und mach das Gleiche wie zuvor 2. Der letzte Knoten sollte immer unten enden, damit die langen Wollfäden herunterhängen können.

Knote am unteren Rand des Traumfängers die verschiedenen Bänder fest. Die langen in der Mitte, die kurzen außen 3.

Übertrage die Federvorlagen von Seite 31 auf das Dekopapier und schneide zwei große und eine kleine Feder aus 4. Mit der Nadel bohrst du ein kleines Loch in den Federkiel. Ziehe ein Band durch das Loch und befestige die Federn am Traumfänger.

Variationen

Zusätzlich kannst du auch Perlen an den Traumfänger knoten.

TIERISCHE BROSCHEN

Mit diesen Broschen gründet ihr einen eigenen Club, und jeder kann sehen, dass du und deine Freundin dazugehört.

Variationen

Aus der Modelliermasse kannst du natürlich auch Diamanten oder Herzen ausschneiden und als Schmuck auf Haarspangen oder Haarreif aufbringen.

Material

* Modelliermasse in Weiß, lufttrocknend
* kleines Nudelholz
* Vorlage (Seite 30)
* Schere
* Messer
* Prickelnadel
* Wassermalfarben
* Pinsel
* dünner Filzstift in Schwarz
* flüssiger Klebstoff
* Anstecknadeln
* Klarlack

Walze die Modelliermasse und rolle sie mit dem Nudelholz 5 mm dick aus 1.

Kopiere die Vorlagen der Broschen von Seite 30 und schneide sie aus 2.

Lege die Vorlage auf die Masse und schneide mit einem spitzen Messer den Umriss nach 3. Glätte die Kanten.

Ritze mit der Prickelnadel die Linien von Gesicht und Flügeln ein 4. Lass die Stücke nun über Nacht trocknen.

Nun kannst du sie mit Wasserfarben anmalen 5. Die Augen malst du mit schwarzem dünnem Filzstift auf, nachdem die Wasserfarbe trocken ist.

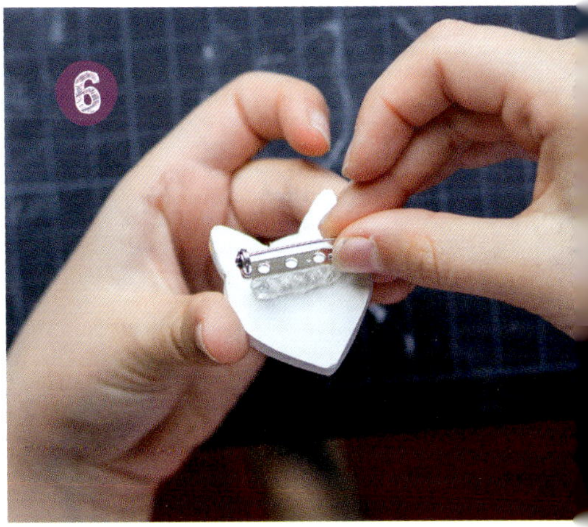

Klebe die Anstecknadeln mit flüssigem Klebstoff auf die Rückseite 6. Anschließend lackierst du die Tiere mit Klarlack, damit sie schön glänzen.

Material

* Tapetenkleister
* 2 Schüsseln
* Schneebesen
* Transparentpapier in Weiß, 4 Rollen (4 m)
* Transparentpapier in Bunt, 1 Rolle (1 m)
* Schere
* Wasserglas
* großer runder Luftballon
* Band
* Abfallsäcke als Unterlegfolie
* Plastikhandschuhe
* Topf
* Bleistift
* Lampenfassung mit passender Energiesparlampe

PAPPMASCHEE-LAMPE

Gemeinsam in der Lieblingszeitschrift schmökern, Fotos von der letzten Klassenfahrt sortieren oder einfach in Ruhe quatschen – die Lampe sorgt für die richtige Atmosphäre bei euren Freundinnen-Nachmittagen.

Variationen

Statt Punkte kannst du auch Löcher in die Lampe pieksen und dadurch ein Muster herstellen.

Zunächst bereitest du den Kleister nach Packungsangabe zu und lässt ihn 20 Minuten quellen.

Reiße das weiße Transparentpapier in viele ca. 5 cm große Schnipsel. Aus dem farbigen Transparentpapier schneidest du etwa zehn große Kreise aus, nutze das Wasserglas als Schablone.

Blase den Luftballon auf, binde ihn an ein Band und befestige es so an einem Möbelstück, dass der Ballon frei in der Höhe deines Bauches schwebt. Lege auf jeden Fall aufgeschnittene Abfallsäcke darunter, damit du nicht alles vollkleckerst.

Ziehe dir die Plastikhandschuhe an. Tauche die einzelnen Papierschnipsel in den Kleister, bevor du sie auf den Ballon klebst **1**. Verteile die Schnipsel gleichmäßig auf der oberen Hälfte des Luftballons, sodass keine Lücken sind. Das machst du Schicht für Schicht, bis keine Schnipsel mehr übrig sind. Verteile nun die bunten Kreise auf dem Ballon und prüfe, ob alles gut angeklebt ist. Der Kleister muss nun etwa zwei Tage trocknen **2**.

Stich vorsichtig ein Loch in den Ballon, damit er platzt, und löse ihn vom Pappmaschee. Das Band schneidest du einfach ab.

Lege den Lampenschirm in einen großen Topf, ziehe mit einem Bleistift einen Kreis entlang des Randes **3**, damit du später eine gerade Kante hast. Schneide den unteren Teil des Ballons an der Linie ab.

Erweitere nun das Loch oben am Lampenschirm so weit, dass du die Fassung von oben durchstecken kannst. Schraube innen den Schraubverschluss drauf **4** und eine passende Energiesparlampe ein. Achtung: Keinesfalls darfst du die Lampe selbst anschließen, das muss ein Erwachsener nach Abschalten der Sicherung tun.

Variationen

Den Deckel kannst du auch noch anders verzieren: mit Glitzersteinchen, einem Glanzbild, Aufklebern …

FOTO-MEDAILLON

Das hübsche Medaillon hat es in sich: Direkt am Herzen trägst du ein verborgenes Foto von deiner besten Freundin … du kannst es dir anschauen, wann immer du magst – und doch ist es nur für deine Augen bestimmt.

Als Erstes säuberst du das Lidschatten-Döschen sorgfältig von den Lidschatten-Resten. Lege das Döschen auf das Musterpapier und ziehe dessen Umriss nach (1). Schneide ihn aus und klebe ihn auf den Deckel.

Nun wird auf der Rückseite des Döschens der Plakataufhänger so festgeklebt, dass von vorn nur wenig des goldenen Hakens zu sehen ist.

Schneide etwa 80 cm Band ab und lege es doppelt. Stecke die Schlaufe durch den Haken, führe die beiden Enden durch die Schlaufe und ziehe das Band stramm (2). Schiebe über beide Bänder eine große Perle.

Schneide zwei etwa 8 cm lange Schnüre ab und knote an jedes Ende eine Perle. Ziehe eine weitere Perle auf und lass den Knoten unter der Perle verschwinden (3). Klebe die beiden Bänder mit Klebeband hinten auf die Dose (4).

Lege das Medaillon auf den Ausschnitt des Fotos, den man später sehen soll, zeichne den Umriss mit dem Bleistift nach und schneide das Bild aus. Nun klebst du das Foto in dein Medaillon – fertig! (5)

Material

- Lidschatten-Döschen mit Klappdeckel
- Musterpapier
- Bleistift
- Schere
- Flüssigkleber
- Plakataufhänger
- Band
- Perlen
- Foto von deiner besten Freundin

T-SHIRT-TASCHE

Variationen

Du kannst auch den Namen deiner Freundin auf die Tasche schreiben, so weiß jeder, wem sie gehört.

Material

* Vorlage (Seite 30)
* Tonpapier in Weiß, A4
* Pappe
* Baumwoll-T-Shirt
* Washi-Tape
* Glitter-Stoffmalfarbe in Türkis
* Pinsel
* Papier- und Stoff-Schere
* Nähgarn mit Nadel oder Nähmaschine

Verschenke diese Tasche als treuen Begleiter an deine Freundin, und sie wird immer an dich denken, wenn sie sie trägt.

Übertrage das Herz von Seite 30 auf das Tonpapier. Falte das Papier in der Mitte und schneide das Herz aus 1.

Schiebe die Pappe in das Shirt, klebe die Schablone oben auf dem Stoff mit Washi-Tape fest. Trage die Farbe vom Rand zur Mitte hin auf, halte dabei die Schablone gut fest 2.

Lass den Stoff nun trocknen. Schneide jetzt mit einer Stoffschere Ärmel und Kragen des T-Shirts entlang der Naht ab 3.

Drehe nun das Shirt auf links und lass dir von einem Erwachsenen dabei helfen, die unteren Kanten des Shirts zusammenzunähen 4. Wieder auf rechts gedreht, hast du eine praktische und hübsche T-Shirt-Tasche.

Material

* *Acrylfarbe in Lila und Grün*
* *Wasser, 50 ml*
* *Spülmittel, 50 ml*
* *kleine Schüssel*
* *Schneebesen*
* *Zeitungspapier*
* *Strohhalm*
* *Papier, A3 oder größer*

SEIFENBLASEN-PAPIER

Fröhliche Blubberblasen sorgen für den Gute-Laune-Effekt – raus kommt ein tolles Geschenkpapier, mit dem du die Geschenke für deine beste Freundin einpacken kannst!

Mische acht Esslöffel Farbe mit jeweils 50 ml Wasser und 50 ml Spülmittel in einer kleinen Schüssel und verrühre alles gut miteinander (1).

Decke den Tisch gut mit Zeitungspapier ab und puste mit dem Strohhalm in die Schale, bis es kräftig schäumt (2).

Lass die Blasen hochsteigen und lege rasch das Papier darauf, damit sich die farbigen Blasen darauf abdrücken (3). Wiederhole den Vorgang, bis das Papier voll mit bunten Seifenblasenabdrücken ist.

Lass die Papiere trocknen (4) und bitte anschließend einen Erwachsenen, sie leicht zu bügeln, damit sie glatt werden. Fertig ist dein Geschenkpapier!

Variationen

Wenn du 2 Schüsseln mit unterschiedlichen Farben hast, kannst du zweifarbiges Papier herstellen, indem du es zuerst in eine Schüssel tauchst und nach dem Trocknen in die andere.

Variationen

Wenn du das Garn um die lange Seite der Pappe wickelst, bekommst du längere Quasten.

Material

* Garn (z. B. Stickgarn)
* Pappe, ca. 5 cm x 7 cm
* Schere

QUASTEN-TUTORIAL

Einfach und schnell gemacht, zieren Quasten allerlei Accessoires wie Taschen, Schlüssel und Haarschmuck.

Wickele das Garn etwa 20 Mal um das Stück Pappe 1. Nimm das gerollte Garn vorsichtig von der Pappe 2.

Fädele ein Garn durch die Schlaufe 3. Daran kannst du die Quaste später aufhängen.

Knote um die Mitte des grünen Garnknäuels ein etwa 20 cm langes Band 4.

Knicke das Knäuel mittig um 5 und umwickele den oberen Teil nahe der Aufhängung mit einem Garn.

Fixiere dies mit einem Knoten 6 und verstecke die Enden in der Quaste.

Schneide alle Schlaufen auf 7, sodass die Enden unten offen sind. Schneide die Fransen auf eine Länge.

Fertig ist die Quaste ! 8

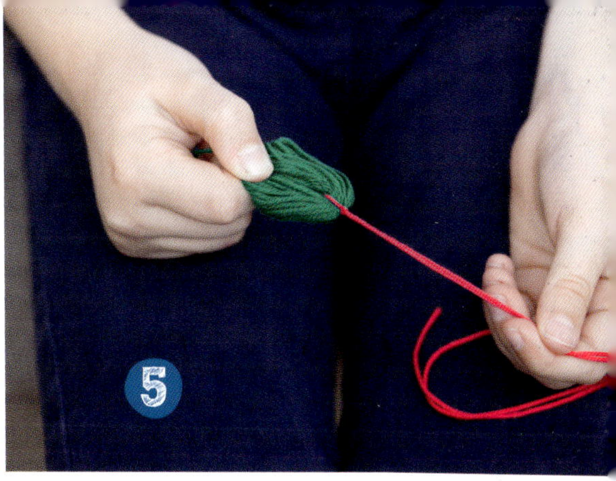

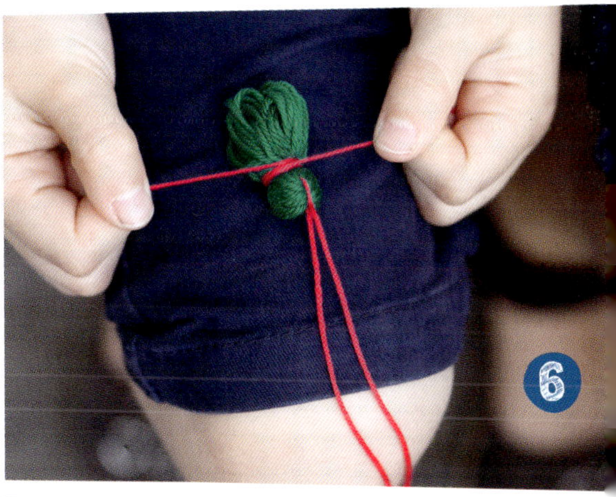

Material

* Wolle, dick und flauschig
* Schere

POMPON-TUTORIAL

Kein schwieriges Schablone-Durchschneiden mehr – diese Pompons sind blitzschnell fertig und kinderleicht.

Schneide ein etwa 20 cm langes Stück Faden ab und lege es zwischen deinen Zeige- und Mittelfinger 1.

Wickele nun die Wolle etwa 40 Mal um deine Finger. Achte darauf, dass die Finger während des Wickelns immer etwas gespreizt bleiben 2. Wenn du ein dickes Wollpaket um deine Finger gewickelt hast, schneide den Faden vom Knäuel ab.

Lass dir nun von jemandem dabei helfen, den ersten Faden zwischen deinen Fingern 3 zu einem Knoten zu ziehen 4, aber noch nicht zu fest, denn erst solltest du noch deine Finger befreien.

Ziehe den Knoten nun schön stramm 5.

Nimm eine Schere, schiebe sie durch das erste Schlaufenpaket und zerschneide es 6. Das Gleiche machst du nun mit der anderen Seite.

Zupfe den Pompon nun zurecht 7 und stutze ihn zu einem Ball, indem du die überstehenden Fransen abschneidest 8.

Variationen

Wenn du einen größeren Pompon machen möchtest, wickelst du die Wolle nicht nur um zwei, sondern um vier gespreizte Finger.

6

7

8

KOPIERVORLAGEN

TIERISCHE BROSCHEN (Seite 16)

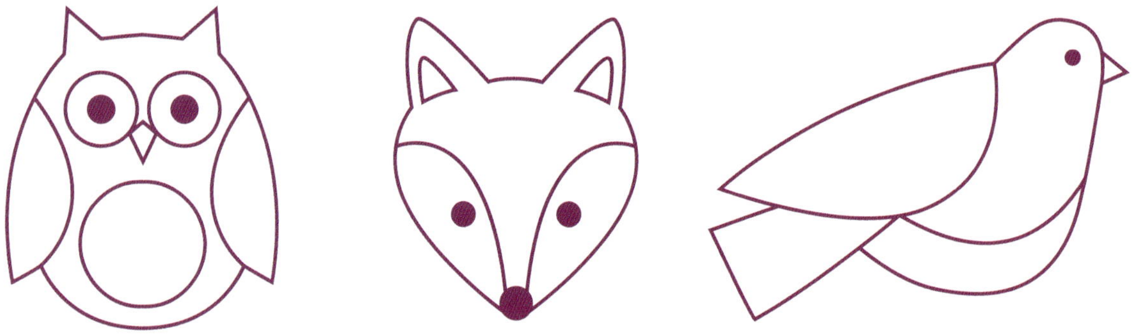

T-SHIRT-TASCHE (Seite 22)

BLUMEN-HAARSCHMUCK (Seite 8)

TRAUMFÄNGER-FEDERN (Seite 14)

IMPRESSUM

Alle Anleitungen und Informationen in diesem Buch sind sorgfältig ausgewählt und geprüft. Dennoch können weder der Urheber noch Verlag eine Garantie übernehmen. Eine Haftung für Personen-, Sach- und Vermögensschäden ist ausgeschlossen.

MIX
Papier aus verantwortungsvollen Quellen
FSC® C106107
FSC
www.fsc.org

5 4 3 2 1 19 18 17 16 15
ISBN 978-3-649-62103-4
© 2015 Coppenrath Verlag GmbH & Co. KG,
Hafenweg 30, 48155 Münster, Germany
CH: Baumgartner Bücher AG, Centralweg 16, 8910 Affoltern a.A.
Alle Rechte vorbehalten, auch auszugsweise

Design: Nieschlag + Wentrup, Büro für Gestaltung
www.nieschlag-und-wentrup.de
Fotos: Lisa Nieschlag
Redaktion: Britta Kudla
Satz: Ute Kleim

Printed in Italy
www.coppenrath.de

Haftungsausschluss für Links

Urheber und Verlag haften nicht für Schäden, die durch das Aufrufen der im Buch aufgeführten Internetseiten oder die Verwendung ihrer Inhalte entstehen. Web-Links können sich ändern oder veralten. Für alle im Buch aufgeführten Internetseiten, deren Inhalte und ihre technische Sicherheit sind ausschließlich deren Betreiber verantwortlich.